Orientieren in der Stadt

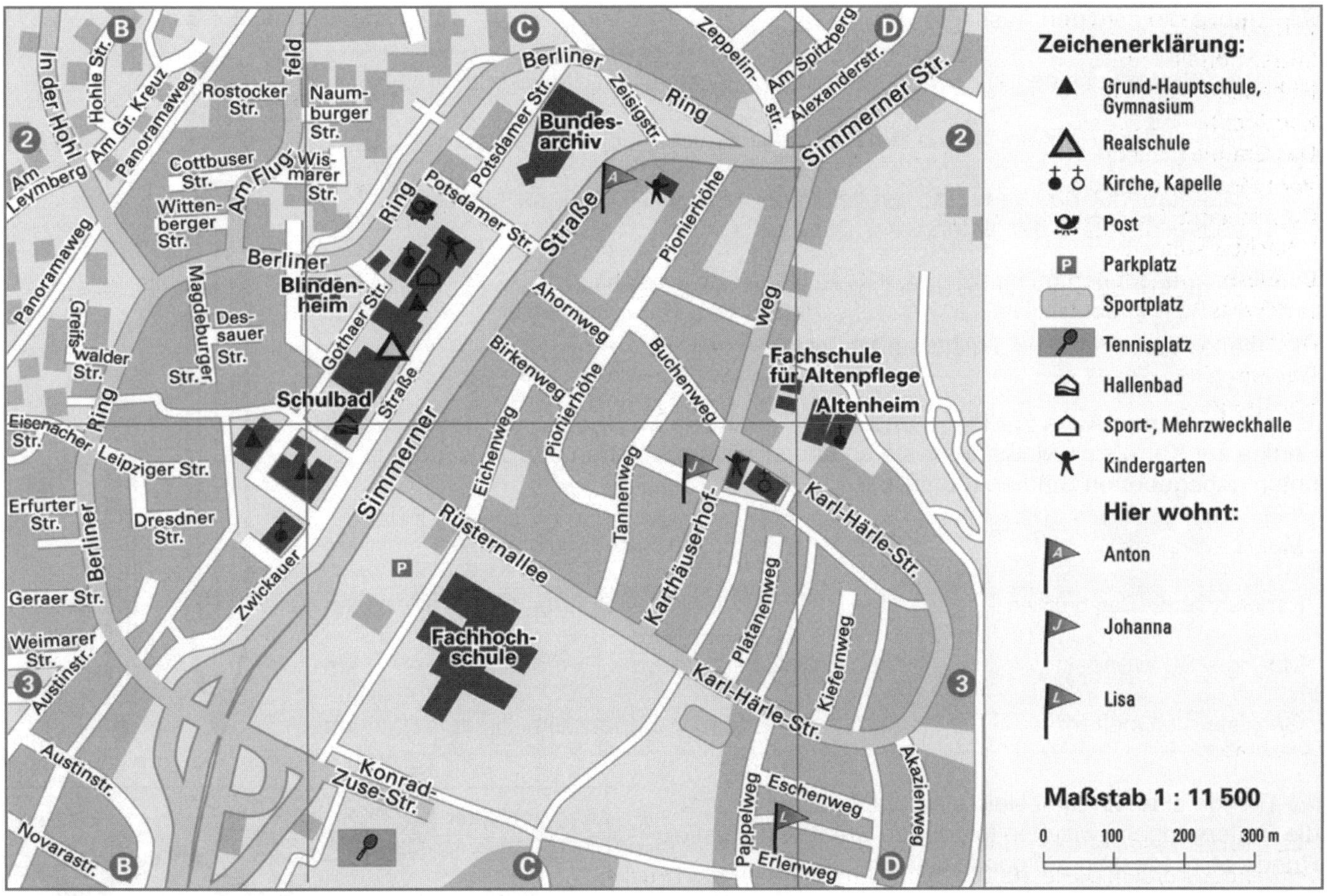

Stadtplan Koblenz-Karthause

Anton und Lisa wohnen in Koblenz. In der großen Pause schmieden sie einen Plan. Sie wollen nachmittags ins Hallenbad in der Zwickauer Straße gehen. Nachdem beide ihre Hausaufgaben erledigt haben, gehen sie [illegible]s von Zuhause aus los.

1 Benenne anhand des Stadtplans die Straßen, die Anton geht.

____

____

2 **Lisa soll vorher noch ein Paket zur Post am Berliner Ring bringen.**
Beschreibe ihren Weg über die Post zum Hallenbad (nur Straßennamen).

____

____

3 In welchem Planquadrat liegen folgende
a) Sportstätten und Gebäude?

Blindenheim		Tennisplatz	
Fachschule für Altenpflege		Fachhoch-schule	
Realschule		Sporthalle	

b) Straßen?

Alexanderstraße		Eschenweg	
Platanenweg		Pionierhöhe	
In der Hohl		Austinstraße	

ISBN: 978-3-12-104390-3

Entfernungen messen

1 Kreuze die richtigen Aussagen an.

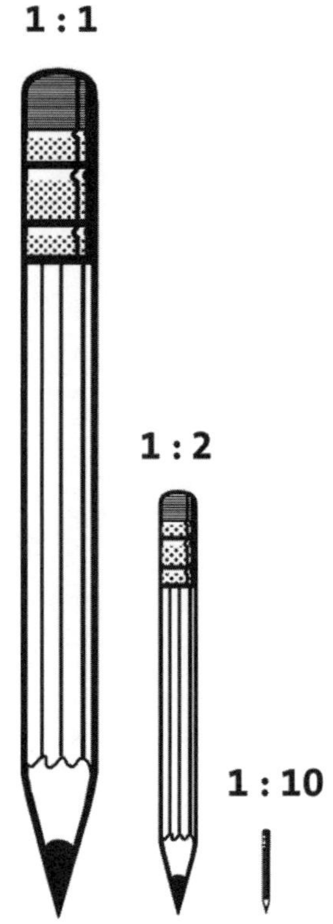

	Auf Karten ist eine Landschaft kleiner als in Wirklichkeit dargestellt.
	Der Maßstab gibt an, wievielmal die Wirklichkeit verkleinert wurde.
	Maßstab 1:50 000 bedeutet, auf der Karte ist alles 100 000 mal kleiner abgebildet als in der Natur.
	Je größer die Zahl hinter dem Doppelpunkt, desto kleiner ist alles abgebildet.
	Alle Karten haben die gleichen Maßstäbe.

2 **Nimm deinen Atlas zur Hand und suche die Karte zu Rheinland Pfalz/Saarland.** Fertige zur Karte eine Maßstabsleiste an und ermittle die Entfernung zwischen den unten angegebenen Städten (Luftlinie).

Mainz – Worms	km	Bingen – Bad Kreuznach	km
Kaiserslautern – Saarbrücken	km	Oppenheim – Speyer	km
Merzig – St. Wendel	km	Zweibrücken – Pirmasens	km
Gerolstein – Cochem	km	Landau – Oppenheim	km

3 Fertige eine Maßstabsleiste an und bestimme die Entfernungen zwischen folgenden Städten (Luftlinie). Runde beim Messen auf ganze Zentimeter.

Strecke (Luftlinie)	cm in der Karte	km in der Natur
Köln - Dortmund		
Hannover – Leipzig		
Stuttgart – Hamburg		
Essen – Dresden		
Stuttgart – München		
München – Hamburg		
Deutschland: Nord-Süd-Erstreckung		
Deutschland: Ost-West-Erstreckung		

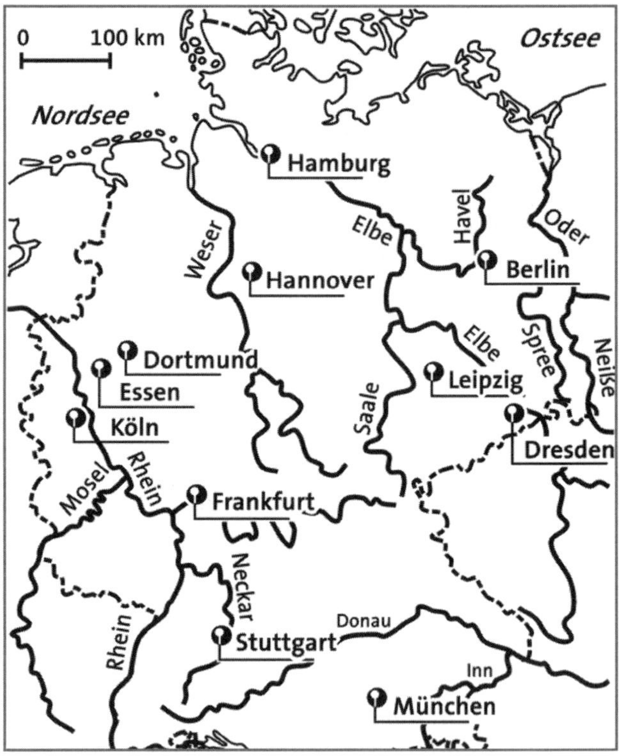

ISBN: 978-3-12-104390-3

Höhenlinien und Höhenschichten

1 Fülle den Lückentext mit folgenden Wörtern aus. Benutze dazu dein Schülerbuch
flach, steil, Höhenschichten, Meeresspiegel, Dreieck, Meterzahl, Höhenlinien.

__________________ verbinden Punkte, die in gleicher Höhe über dem ____________________ liegen.

Liegen die Höhenlinien dicht beieinander, so ist das Gelände ______________, liegen sie weit auseinander,

so ist es ______________. Malt man die Flächen zwischen zwei Höhenlinien farbig aus, so erhält man eine

____________________- Karte. Wichtige Höhen werden durch einen Punkt oder ein ______________

gekennzeichnet und mit der genauen ________________ versehen.

2 Male die Höhenschichten farbig.

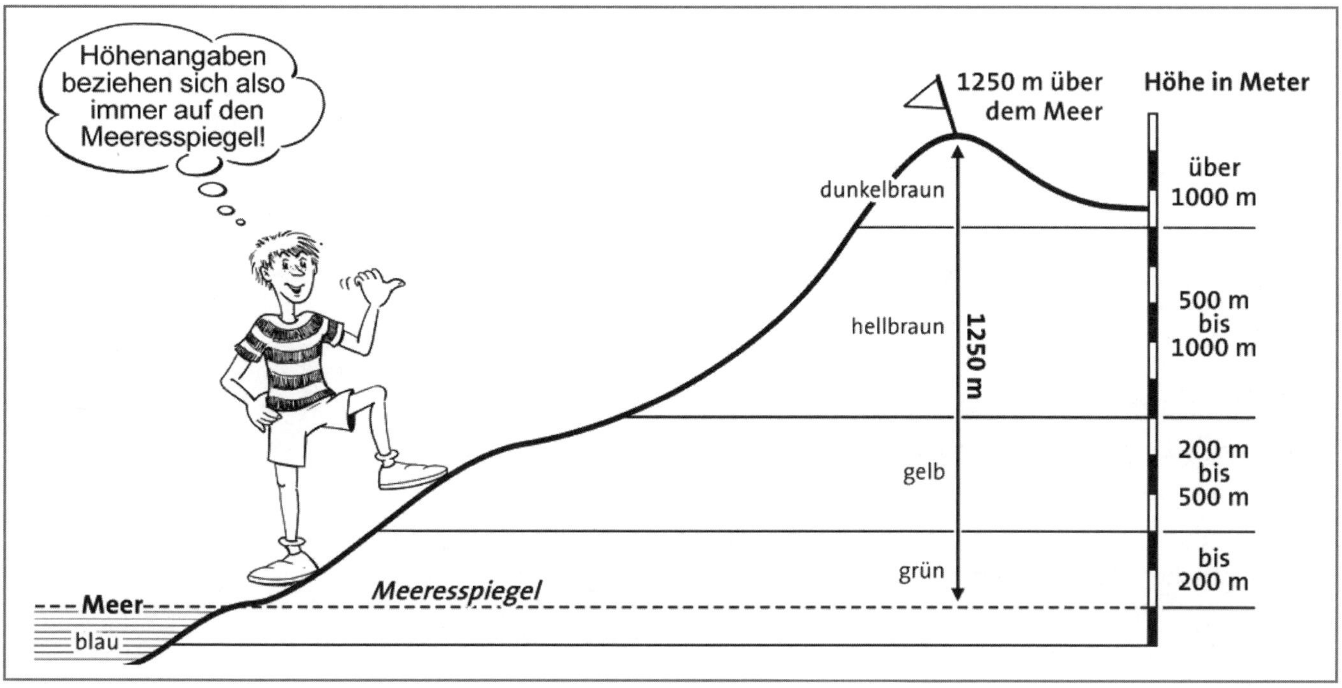

3 Ordne die Berge (1–3) den Höhenliniendarstellungen (A–C) zu.

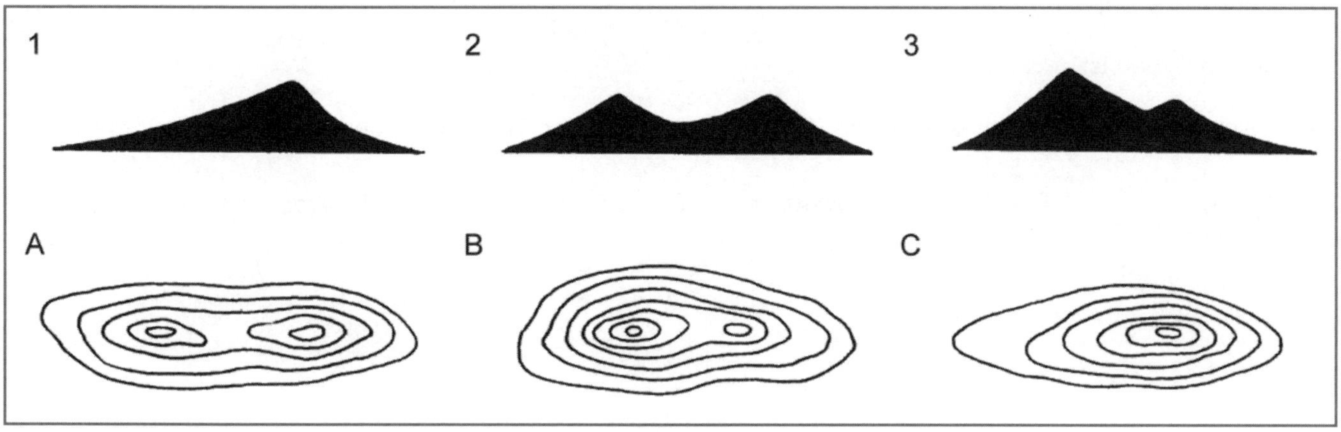

A ☐   B ☐   C ☐

ISBN: 978-3-12-104390-3

Kontinente und Ozeane

1
a) Trage die Namen der Kontinente und Ozeane in die Weltkarte ein.
b) Male die Kontinente mit verschiedenen Farben an.

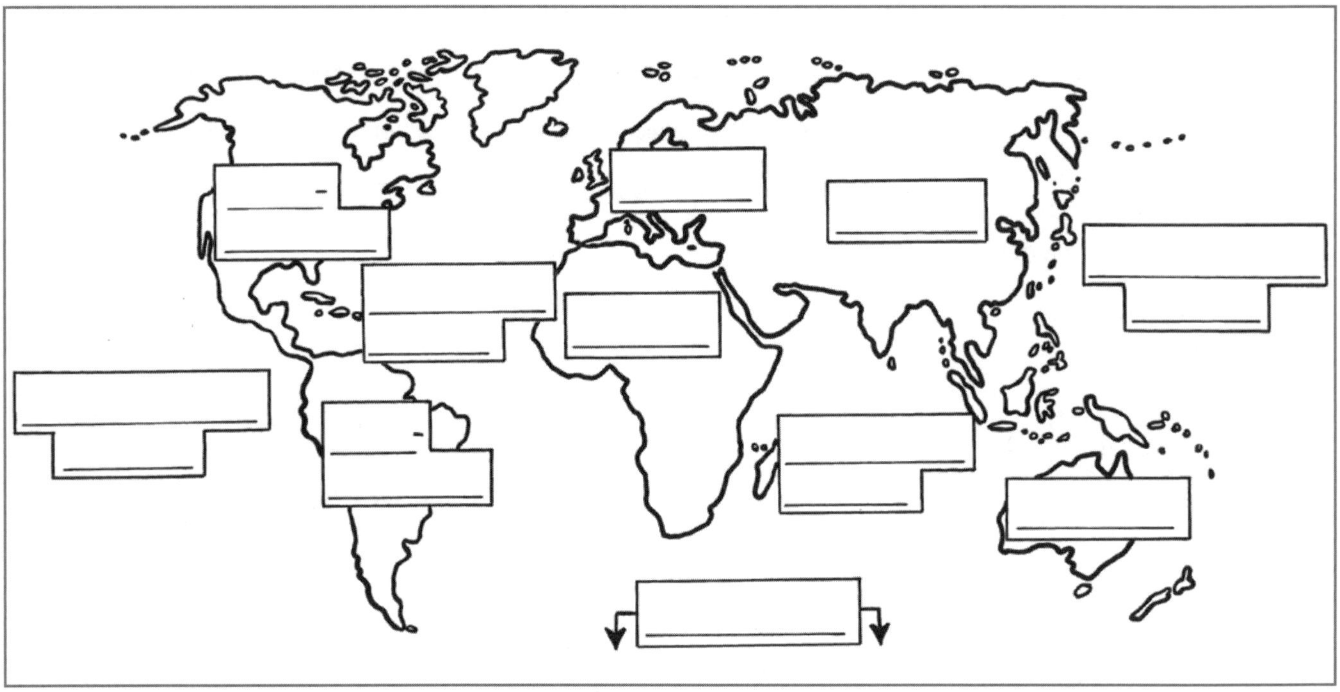

2 Fülle den Lückentext aus.

Am Pazifischen Ozean liegen die Kontinente ______________________,

______________________, ______________________, ______________________.

Am Atlantischen Ozean liegen die Kontinente ______________________,

______________________, ______________________, ______________________.

Der größte Kontinent ist ______________________.

Der kleinste Kontinent ist ______________________.

Der größte Ozean ist ______________________.

3 Welches der drei Diagramme stellt die Verteilung von Land und Wasser auf der Erde richtig dar? Kreuze an.

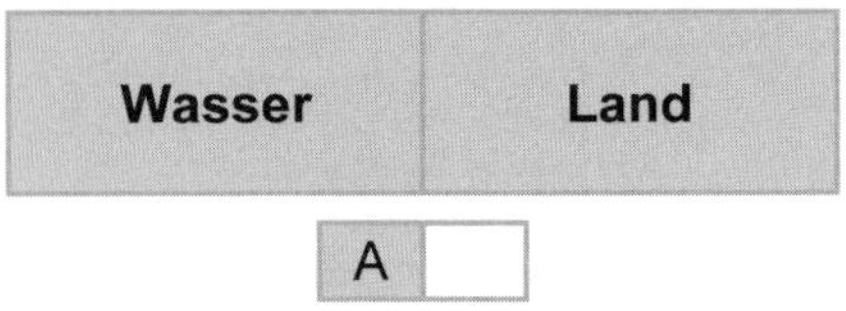

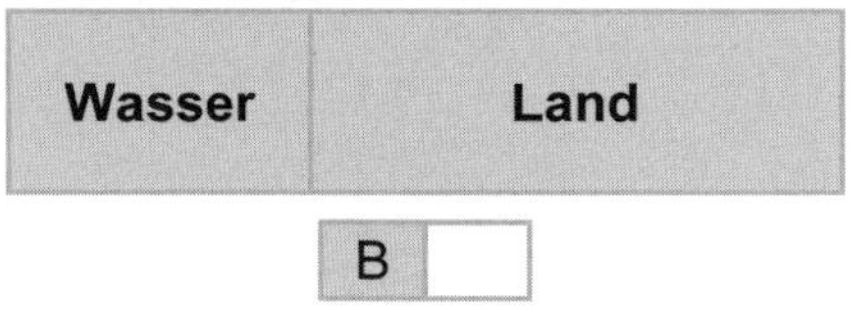

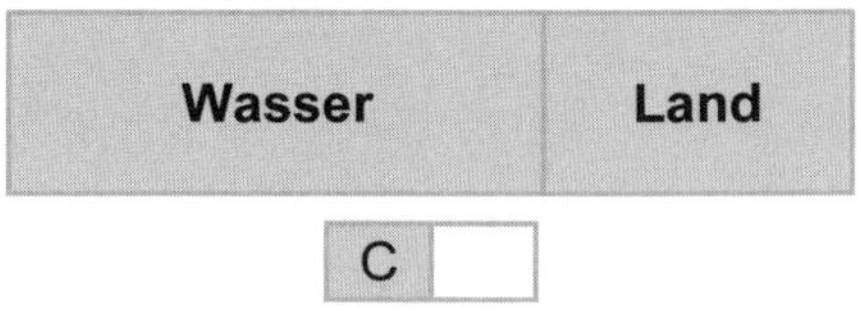

ISBN: 978-3-12-104390-3

Das Gradnetz der Erde

1 Ordne den Ziffern Begriffe zu. Male die Nordhalbkugel farbig aus.

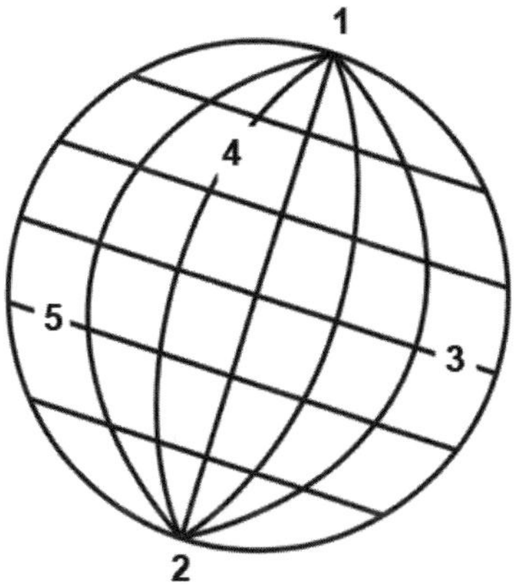

1	
2	
3	
4	
5	

2 Fülle den Lückentext aus.

Die Linien vom Nordpol zum ______________ heißen ____________________ oder ____________________.

Der ____________________ teilt die Erde in eine Nordhalbkugel und eine ____________________.

Linien, die parallel zum Äquator liegen, heißen ____________________. ____________________ und ____________________ bilden das Gradnetz der Erde.

3 Bestimme mit Hilfe des Gradnetzes und des Atlas die Lage der Städte C–F auf der Erdkugel, die nah an den Schnittpunkten der 10 Grad-Breitenkreise mit den 10 Grad-Längenkreisen liegen.
Die Städte A und B sind als Beispiele schon vorgegeben:

Stadt	liegt bei	Lösung
A	40° N und 50° O (sprich 40 Grad Nord und 50 Grad Ost)	Baku
B	30° S und 50° W	Porto Alegre
C		
D		
E		
F		

Welche Position hat das Floß?

____

____

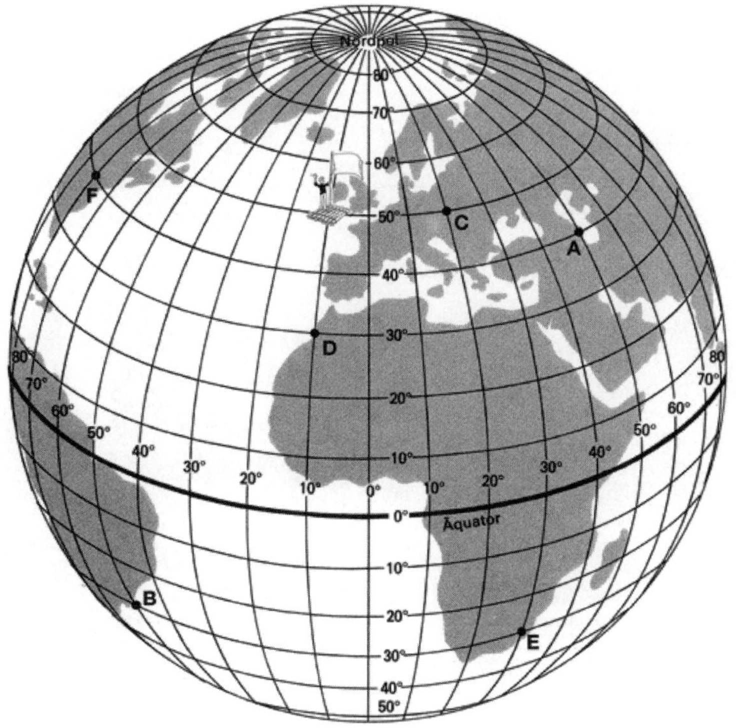

ISBN: 978-3-12-104390-3

Vom Meer zu den Alpen

Arbeite mit dem Schülerbuch und dem Schulatlas, Karte: Deutschland: Höhenschichten.

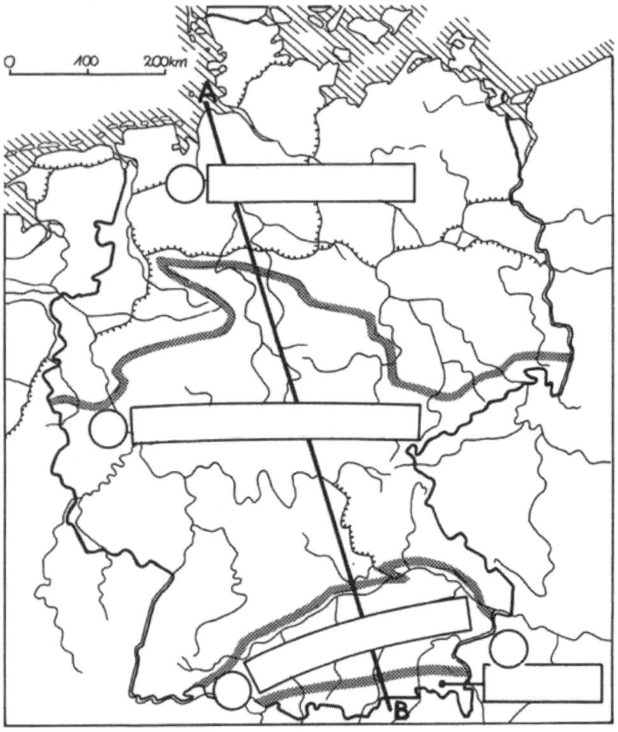

1 Großlandschaften in Deutschland

Trage bei den Ziffern 1–4 und in der Karte die Namen der Großlandschaften ein.

1	
2	
3	
4	

2 Gestalte die Karte und das Profil farbig.

In der Karte		Im Profil
Tiefland	grün	bis 200m
Mittelgebirgsland	hellbraun	bis 2 000m
Alpenvorland	braun	500 bis 1 500m
Alpen	dunkelbraun	Über 1 500m

3 Trage die Namen der Großlandschaften auch in die Kästchen über dem Profil ein. Ermittle mithilfe der Atlaskarte die Entfernung von A nach B und trage sie unter dem Profil ein.

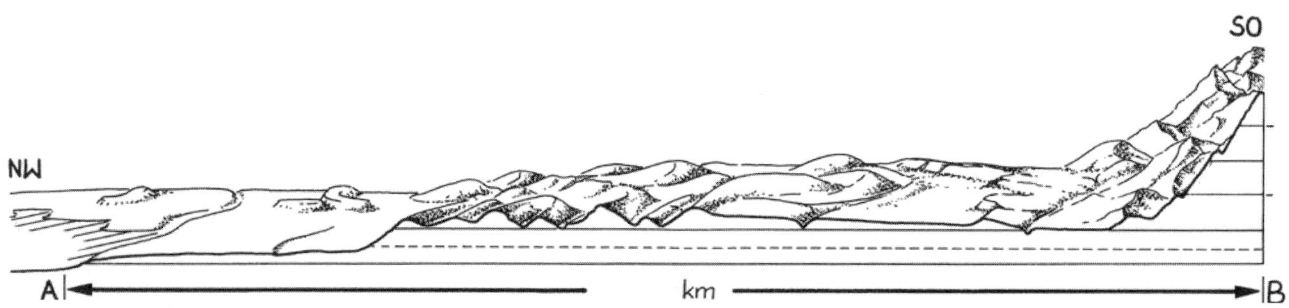

4 Ordne den Fotos die richtigen Namen der vier Großlandschaften zu.

Enkelmann, Filderstadt

Enkelmann, Filderstadt

Rausch, Linsenhofen

Enkelmann, Filderstadt

ISBN: 978-3-12-104390-3

Deutschland: 16 Bundesländer und 9 Nachbarstaaten

1 Arbeite mit dem Schülerbuch Seite 42/43 und dem Schulatlas. Welche Nachbarstaaten verbergen sich hinter den Autokennzeichen?

Norden ____________

Osten ____________ ____________

Süden ____________ ____________

Westen ____________ ____________

____________ ____________

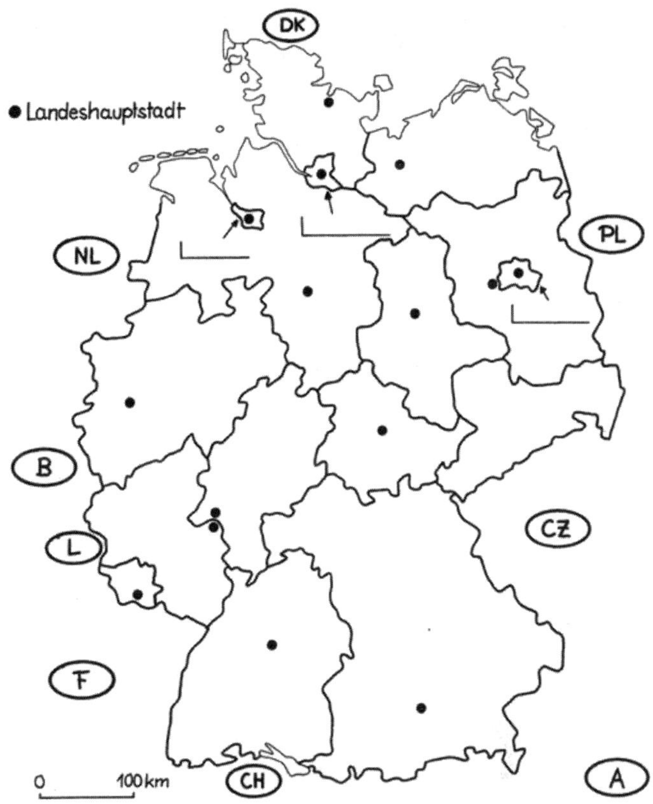

2 Übertrage die Großbuchstaben für die Bundesländer in die Karte.
Berlin (BE), Hamburg (HH), Bremen (HB), Schleswig-Holstein (SH), Mecklenburg-Vorpommern (MV), Niedersachsen (NI), Brandenburg (BB), Sachsen-Anhalt (ST), Nordrhein-Westfalen (NW), Hessen (HE), Rheinland-Pfalz (RP), Saarland (SL), Sachsen (SN), Baden-Württemberg (BW), Bayern (BY), Thüringen (TH)

3 Finde die richtige Lösung.

1. Größtes Bundesland
2. Hauptstadt von Mecklenburg-Vorpommern
3. Bundesland westlich von Thüringen
4. Bundesland mit der Hauptstadt Erfurt
5. Hauptstadt von Niedersachsen
6. Größter Stadtstaat
7. Kleinstes Bundesland (ohne Stadtstaaten)
8. Hauptstadt von Bayern
9. Bundesland mit 11 Buchstaben
10. Hauptstadt von Brandenburg
11. Hauptstadt von Nordrhein-Westfalen
12. Hauptstadt von Hessen
13. Gehört zu Holstein
14. Gehört zum Rheinland

Lösung: ______________________________

ISBN: 978-3-12-104390-3

Bundeshauptstadt Berlin

1 Trage die Antworten in die Schriftfelder ein (Umlaut Ä=1 Buchstabe). Schreibe dann die markierten Buchstaben fortlaufend auf. Das Lösungswort ist nicht nur ein Wahrzeichen von Berlin. Du findest es auch auf Münzen, die du sicherlich im Portmonee hast. Arbeite mit dem Schülerbuch Seite 44/45, dem Atlas und dem Internet.

1. Das Wappentier der Stadt ist der …
2. In Berlin mündet der Fluss …
   in den Fluss …
3. Der Fernsehturm steht am … -Platz.
4. Im Tiergarten erhebt sich die …
5. Die Prachtstraße im Osten der Stadt heißt: Unter den …
6. Im Reichstagsgebäude tagt der …
7. Liebevoll kurz heißt die Prachtstraße im Westen der Stadt …
8. Hier leben über 1 300 Tierarten.
9. An diesem Platz stehen die modernsten Gebäude.
10. Im … regiert der Bürgermeister von Berlin.
11. Der größte Park in der Innenstadt heißt …
12. Großes Theater erlebt man in der …

Lösungswort:

2 Wie heißen die sechs Sehenswürdigkeiten Berlins? Die markierten Buchstaben ergeben in der richtigen Reihenfolge ein Lösungswort.

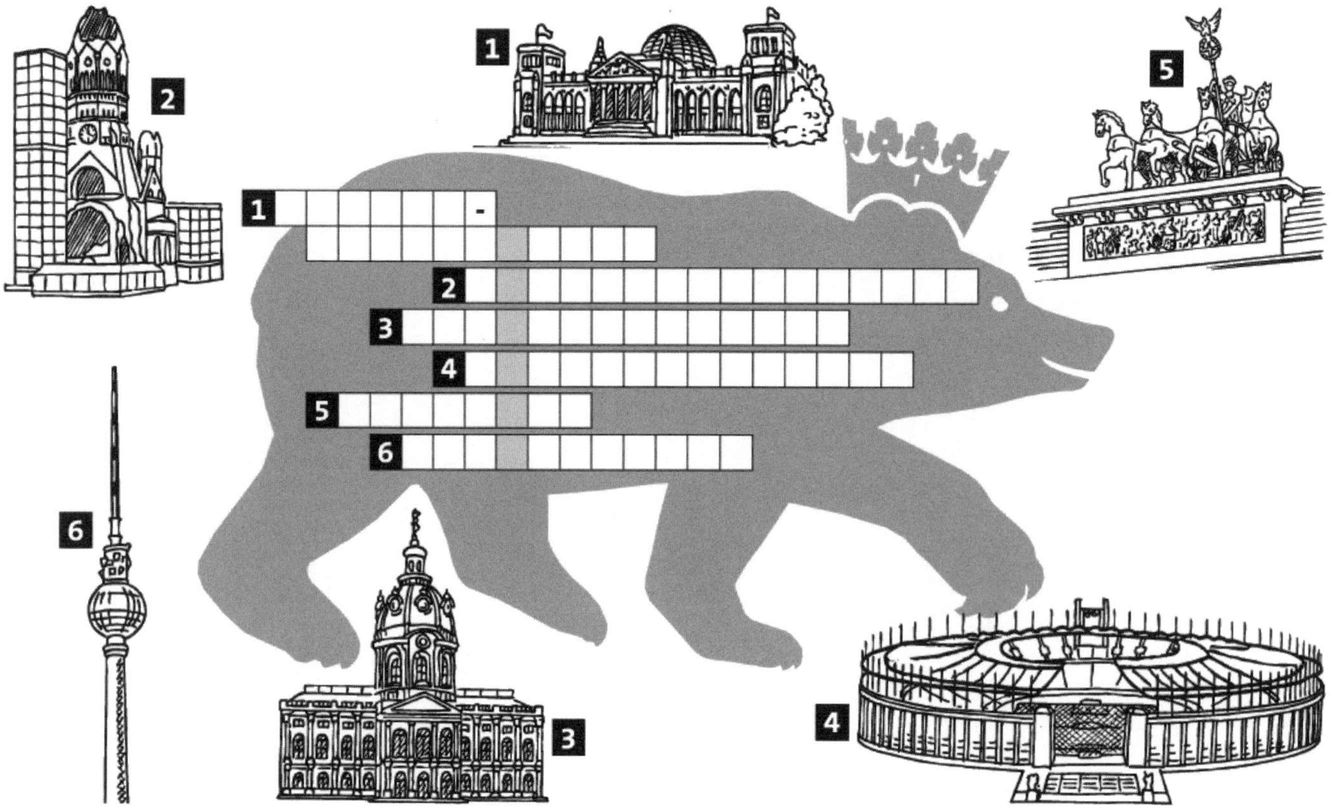

ISBN: 978-3-12-104390-3

Landwirtschaft in Deutschland

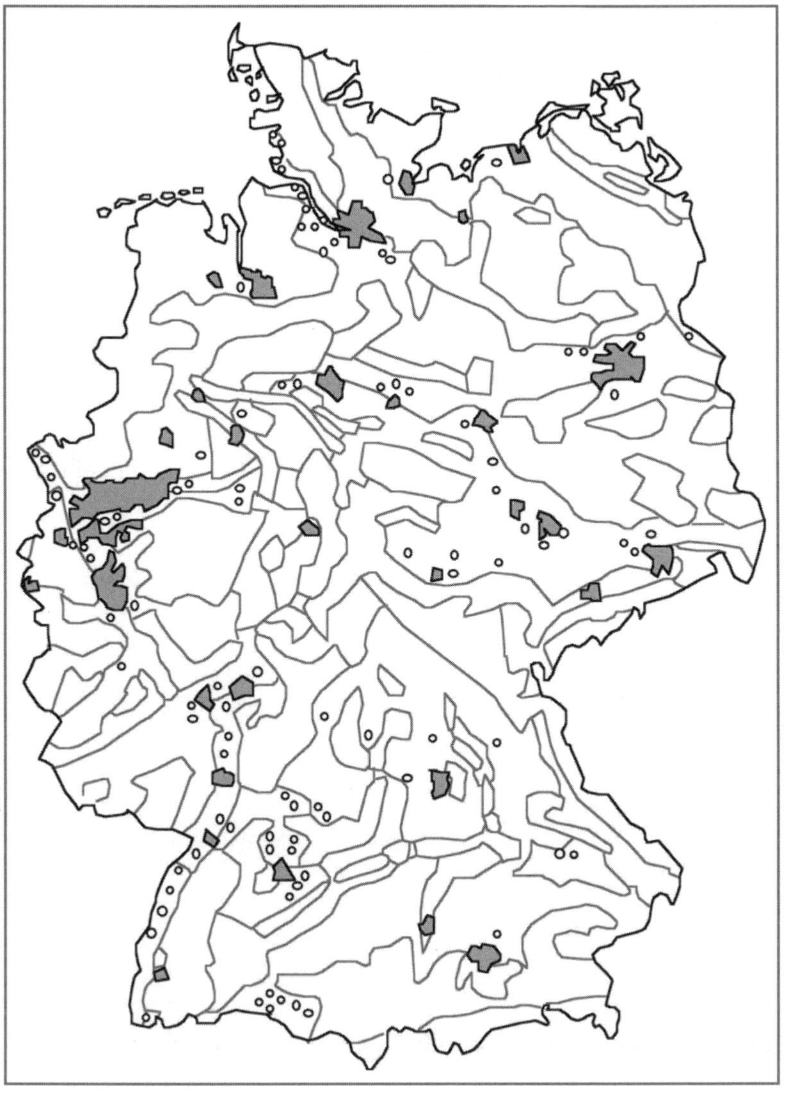

1 Fertige eine Landwirtschaftskarte von Deutschland an.
Verwende dazu die Karte im Schulbuch S. 54. Die großen Siedlungsflächen sind bereits eingetragen. Male die Flächen der Karte mit folgenden Farben aus:
hellgrün: Gebiete mit viel Grünland,
orange: Gebiete mit Ackerbau auf guten Böden (z.B. Börden),
hellbraun: Ackerbau auf geringen Böden,
rot: Gebiete mit Sonderkulturen – die Kreise sind schon eingezeichnet,
dunkelgrün: Wälder.

2 Nenne günstige und ungünstige natürliche Bedingungen für den Ackerbau.

günstig:

3 Sonderkulturen:
a) Nenne die vier wichtigsten Sonderkulturen in Deutschland.

b) Warum wird Wein in Rheinland-Pfalz an der Mosel angebaut?

4 Löse das Rätsel.

Hier gibt es vor allem Milchwirtschaft	
So werden z.B. Kartoffeln, Mais, Bananen und Getreide bezeichnet	
So werden Wein, Hopfen, Obst, Tabak genannt	
Hier gedeihen Gemüse und Obst sehr gut	

ISBN: 978-3-12-104390-3

Ackerbau in Deutschland

1 Wie heißen die abgebildeten Feldpflanzen? Trage die Namen ein.

2 Im Buchstabensalat sind senkrecht und waagerecht 16 „Getreidewörter“ versteckt. Markiere sie mit einem Farbstift und schreibe sie heraus.

A	P	B	Z	E	X	R	S	A	A	T	K	Ö	R	N	E	R	B
G	M	Ä	H	D	R	E	S	C	H	E	R	M	D	L	D	H	R
E	T	C	M	A	G	V	V	H	S	I	L	O	S	K	F	J	Ö
R	U	K	L	M	H	G	Ö	U	S	Ä	A	U	S	S	A	A	T
E	V	E	R	A	R	B	E	I	T	U	N	G	R	R	H	K	C
I	H	R	B	H	N	W	D	J	R	F	D	E	T	D	B	Z	H
N	K	M	Ü	L	L	E	R	E	O	Z	W	R	H	E	M	T	E
I	O	D	I	E	M	C	G	R	H	T	I	N	J	Z	E	R	N
G	P	R	Z	N	L	A	N	D	W	I	R	T	U	H	H	E	M
T	K	T	D	C	I	H	E	R	B	S	T	E	P	B	L	X	F

3 Das Produktionsschema ist unvollständig. Ergänze die fehlenden Begriffe. Erläutere die einzelnen Produktionsschritte.

ISBN: 978-3-12-104390-3

Höhenstufen

1 Beschrifte das Blockbild. Trage rechts die Höhenstufen und links die Höhengrenzen ein.

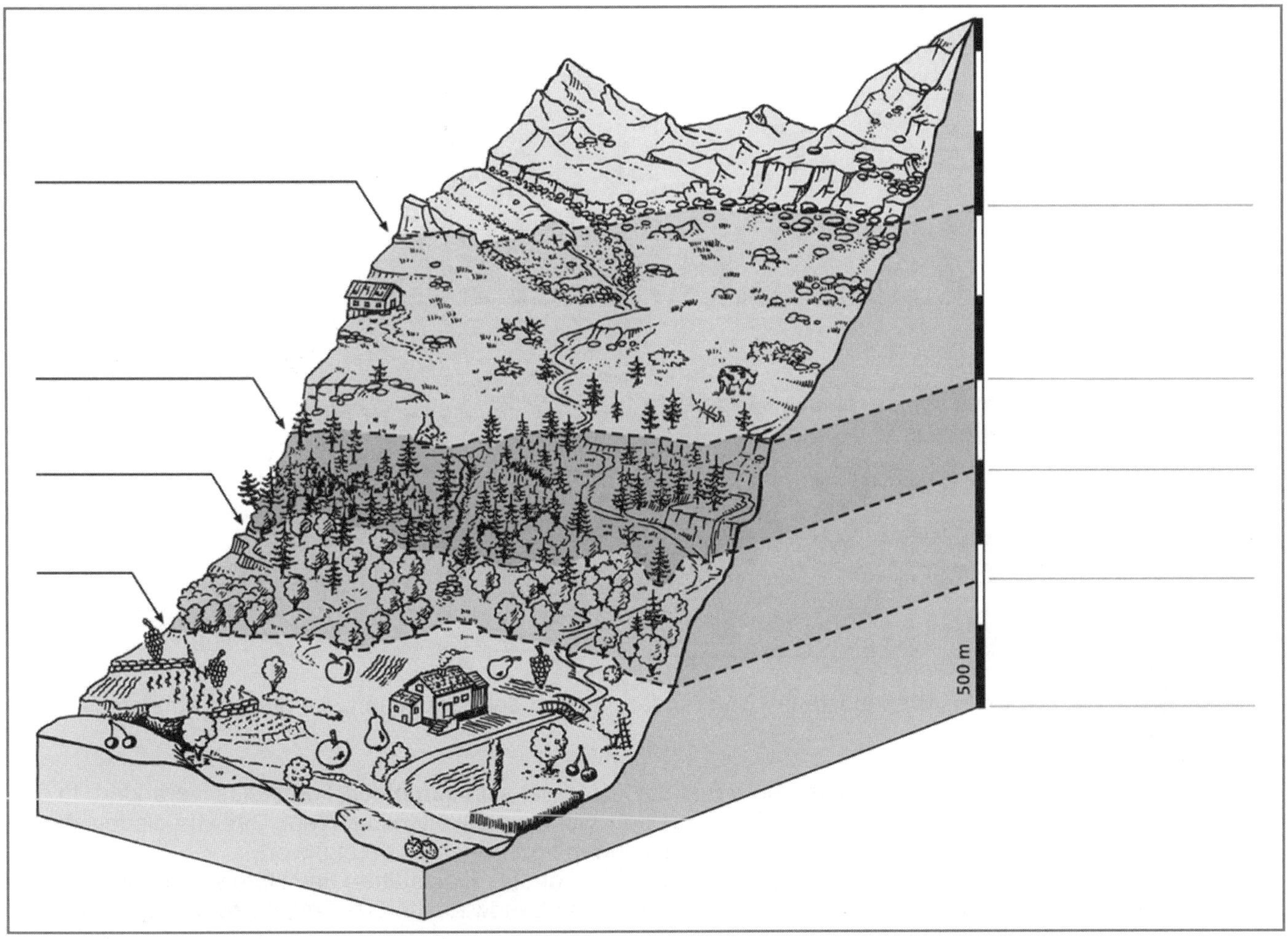

2 Ergänze die Tabelle.

Höhenstufe	Merkmale zu Natur und Nutzung
Schnee- und Felsstufe	

3 Ergänze die folgende Regel:

Je ______________ man kommt, desto ______________ wird es. Je ______________ sinkt die ______________ um etwa __________ °C.

ISBN: 978-3-12-104390-3

Vom Bergdorf zum Ferienzentrum

A
Berglandschaft
1950

B
Berglandschaft
heute

1 Markiere in der Zeichnung B mindestens 13 Veränderungen in der Landschaft, die auf den Tourismus zurückzuführen sind.

2 Das früher von kleinen Bergdörfern geprägte Bild der Alpen hat sich durch den Tourismus verändert. In den folgenden Sätzen sind Veränderungen aufgeführt. Du hast zwei Möglichkeiten zur Wahl. Streiche die falsche durch. Die unterstrichenen Buchstaben der richtigen Antworten ergeben das Lösungswort.

- Das Dorfbild war früher durch Handwerksbetriebe und Bauernhöfe / Gaststätten und Hotels geprägt.
- Der Tourismus brachte vielfältige Arbeitsplätze außerhalb der Landwirtschaft und macht somit die Existenz der Dorfbewohner sicherer / unsicherer.
- Die Höhenlage vieler Alpendörfer lockt viele Touristen an / schreckt viele Touristen ab.
- Eine große Höhenlage war für die Almwirtschaft wegen der kurzen Wachstumszeit ein Nachteil / der vielen Gletscher ein Vorteil.
- Früher wie heute sind die Alpenbewohner vom Wetter abhängig, allerdings wollte man früher schneereiche / schneearme Winter – heute das Gegenteil.
- Massentourismus verändert seine eigene Grundlage negativ und zerstört somit die schöne Landschaft / viele Hotels.

Lösungswort: ______________________

3 Bewerte die Auswirkungen des Massentourismus auf die Landschaft und die einheimische Bevölkerung unter den Gesichtspunkten Verkehr, Skipisten und Hotels.

	positiv	negativ
Straßenverkehr		
Skipisten		
Hotels		

ISBN: 978-3-12-104390-3

Die Alpen

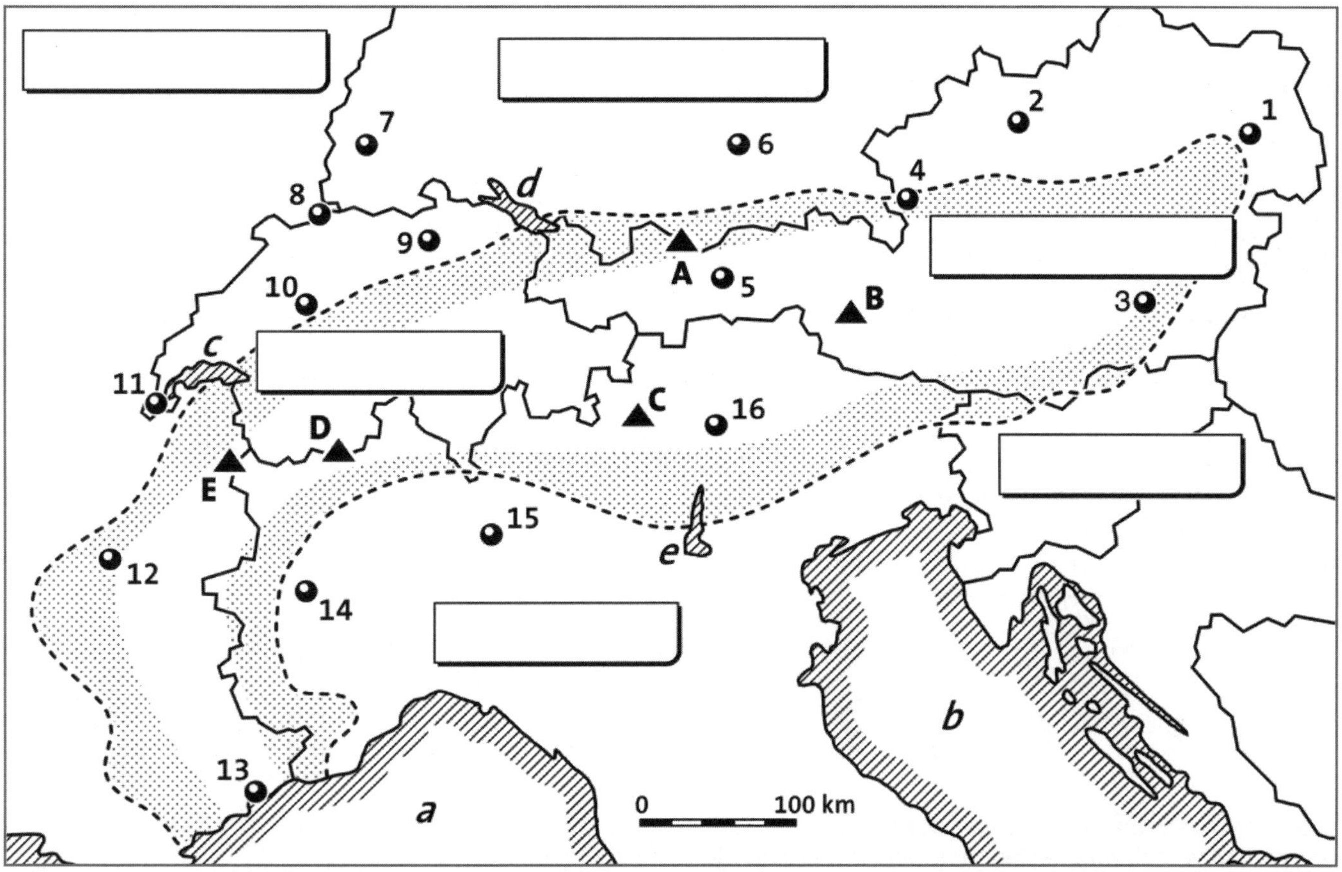

1 Trage die Namen der sechs Alpenstaaten in die Kästchen ein.

2 Welche Großstädte verbergen sich hinter den Zahlen auf der Karte? Ergänze die Stellen, wo noch nichts eingetragen ist.

Graz	3	Freiburg	
Salzburg		Grenoble	
Nizza		Linz	
Bern		Turin	14
Bozen		Basel	
Genf		Wien	
Mailand		Zürich	
München		Innsbruck	

3 Finde die Namen der zwei Meere und drei Seen:

a		d	
b		e	
c			

4 Fünf Berge sind durch Großbuchstaben markiert. In der Tabelle ist jeweils ihre Höhe eingetragen; trage Buchstabe und Namen ein. Mache in der rechten Spalte ein Kreuz (x), wenn der Berg auf der Grenze zwischen zwei Staaten liegt. **Großglockner, Matterhorn, Ortler, Zugspitze, Mont Blanc**

Buchstabe	Höhe (m)	Name des Berges	Grenzberg
	4478		
	3899		
	4807		
	2963		
	3797		

ISBN: 978-3-12-104390-3

Boden untersuchen

1 Bodenart bestimmen:
Entnimm aus dem unteren, nicht mehr durchwurzelten Teil des Bodens etwas Erde. Nimm einen Teil davon in die Hand, gehe vor wie in der Tabelle beschrieben und lies die Bodenart ab. Bodenprobe …

… zu einer bleistiftdicken Wurst zwischen den Handtellern ausrollen.	zerfällt	bröcklige Wurst	Zu einer Wurst auszurollen.	Sehr gut zu einer feinen dünnen Wurst formbar.
… zwischen Daumen und Zeigefinger auf Haftung testen.	nicht haftend	Verklebt etwas die Finger.	Verklebt die Finger.	Verklebt die Finger.
… auf einer Handfläche zerreiben.	In den Handlinien bleibt kein Material haften.	Nur wenig Material bleibt in den Handlinien haften.	In den Handlinien haftet toniges Material.	In den Handlinien haftet toniges Material.
… in der Nähe des Ohres zwischen Daumen und Zeigefinger quetschen.	starkes Knirschen	Knirschen	schwaches Knirschen	Kein oder ein sehr leises Knirschen.
… Zerquetschen und die Gleitfläche beurteilen.	keine Gleitfläche, einzelne Körner	keine bzw. stumpfe Gleitfläche	stumpfe Gleitfläche	glänzende Gleitfläche
	Sand	**lehmiger Sand**	**Lehm**	**Ton**

2 Wasserspeichervermögen bestimmen:
Vergleicht verschiedene Bodenproben und erklärt die Unterschiede.

Bodenprobe	**Zeit zwischen dem Ausgießen des Wassers bis zum ersten Wassertropfen**		**Der Boden speichert Wasser**		
1	_____	Sekunden	Der Boden speichert	_____	ml Wasser.
2	_____	Sekunden	Der Boden speichert	_____	ml Wasser.
3	_____	Sekunden	Der Boden speichert	_____	ml Wasser.
4	_____	Sekunden	Der Boden speichert	_____	ml Wasser.

3 Bodentiere suchen:
Zählt und bestimmt die Bodentiere in einer Bodenprobe.

Name	**Anzahl**

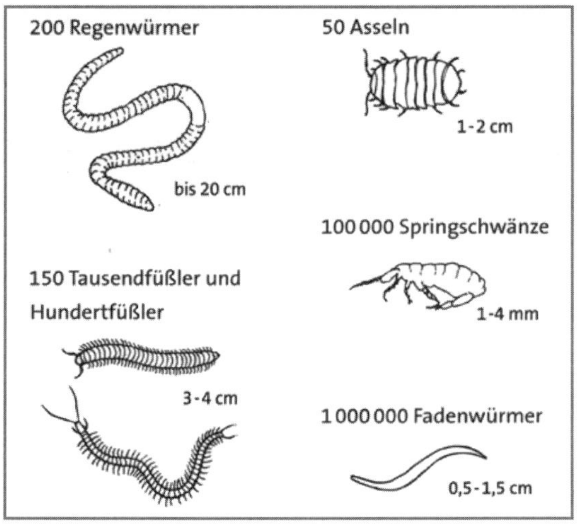

ISBN: 978-3-12-104390-3

Wetter beobachten und messen

1 Schreibe die richtigen Bezeichnungen unter die Grafiken.

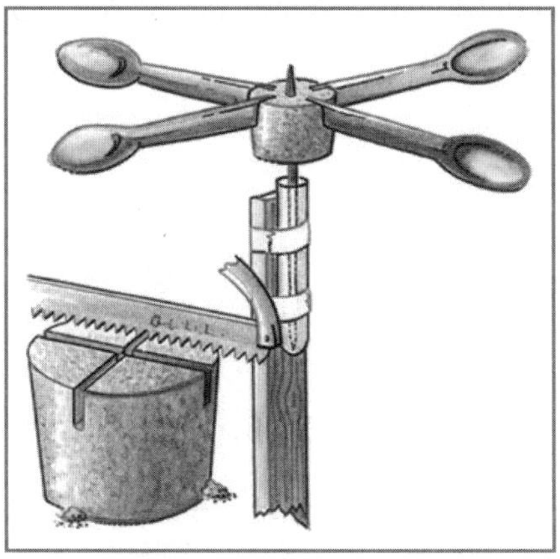

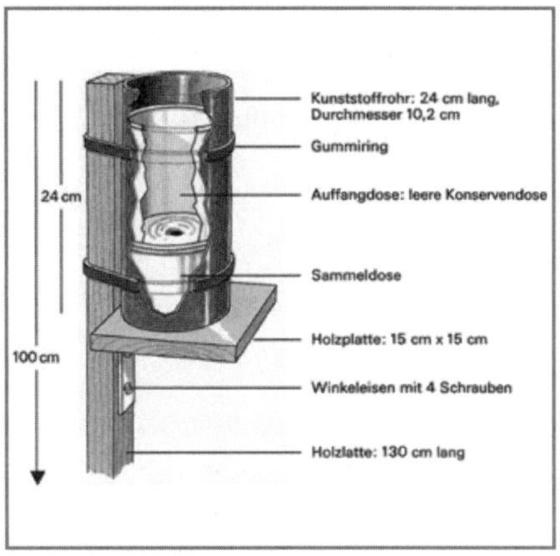

2 Baue einen Wetteranzeiger aus einem Kiefernzapfen und erkläre, wie er funktioniert.
Tipp: Kiefern wollen ihre Samen bei schönem Wetter fliegen lassen.

Der Kiefernzapfen als Wetteranzeiger
Material: Kiefernzapfen, dünnes Holzstäbchen (ca.10cm), weißes Kartonblatt etwa im DIN A4-Format.

Durchführung: Das Holzstäbchen wird zwischen die geöffneten Samenschuppen des Kiefernzapfens gesteckt. Das Kartonblatt wird in der Mitte rechtwinklig geknickt und so hingestellt, dass die eine Hälfte aufragt. Auf die waagerecht liegende Hälfte wird der Kiefernzapfen mit dem Stiel nach unten gestellt (evtl. mit Klebstoff etwas befestigen oder stützen). An die senkrechte Fläche des Kartons werden am Ende des Holzstäbchens etwas oberhalb des Zapfens ein Wolkensymbol und etwa auf mittlerer Zapfenhöhe ein Sonnensymbol eingezeichnet.

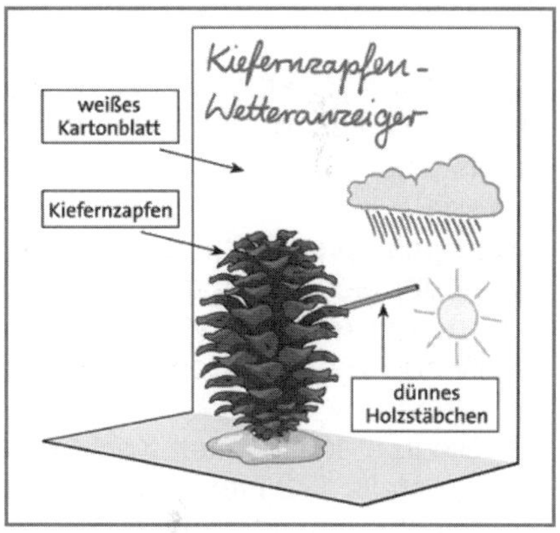

3 Benenne die Wolkenbilder und schreibe darunter welches Wetter bei diesen Wolken zu erwarten ist.

Bildgeber für alle 4 Bilder : Nolzen, Stegen

ISBN: 978-3-12-104390-3

In der Wüste

1 Trage in die Tabelle und in die Abbildung die richtigen Begriffe ein und male die drei Wüstenarten in der Abbildung nach der Zeichnung und den Fotos in deinem Schülerbuch Seite 124/125 verschieden farbig an.

	Art der Wüste		
arabisch			

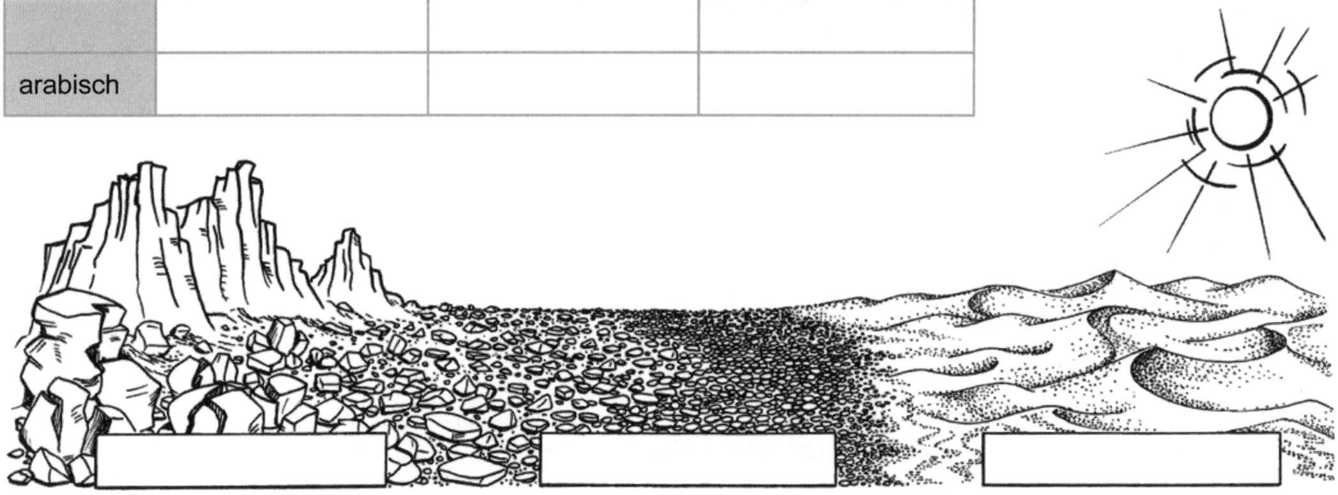

2 Felsen zerplatzen in der Wüste!
Du kannst diesen Vorgang in einem einfachen Experiment nachstellen.

Material:
zwei Kochtöpfe, Wärmequelle (Küchenherd), Eiswürfel, Grill- oder Gebäckzange, Wasser und Steine

Versuchsdurchführung:
1. Bringe in einem Kochtopf etwa 1–2 Liter Wasser zum Sieden.
2. Gib in einen zweiten Kochtopf viele Eiswürfel und ebenfalls 1–2 Liter Wasser dazu.
3. Tauche einen Stein mit der Zange abwechselnd etwa eine Minute in das siedende Wasser und dann in das Eiswasser. Wiederhole diesen Vorgang mehrmals.

(**Vorsicht** bei dem kochenden Wasser! Komme mit deiner Hand nicht zu tief, da auch der heiße Dampf schon zu Verbrennungen führen kann!)

Schreibe deine Beobachtungen auf.

Versuchsaufbau

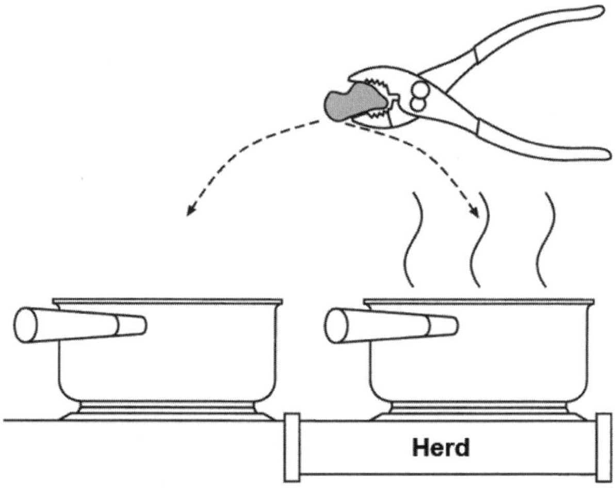

Erkläre den Versuch.

ISBN: 978-3-12-104390-3

Im Tropischen Regenwald

1 Der Stockwerkbau

a) Markiere an der Höhenleiste die einzelnen Stockwerke farbig.

b) Ordne folgende Begriffe den einzelnen Stockwerken zu:
Moose – Insekten – Kronenschicht – Pilze – Baumriesen – Krautschicht – Lianen – Bromelien – Farne – Aufsitzerpflanzen – Strauchschicht

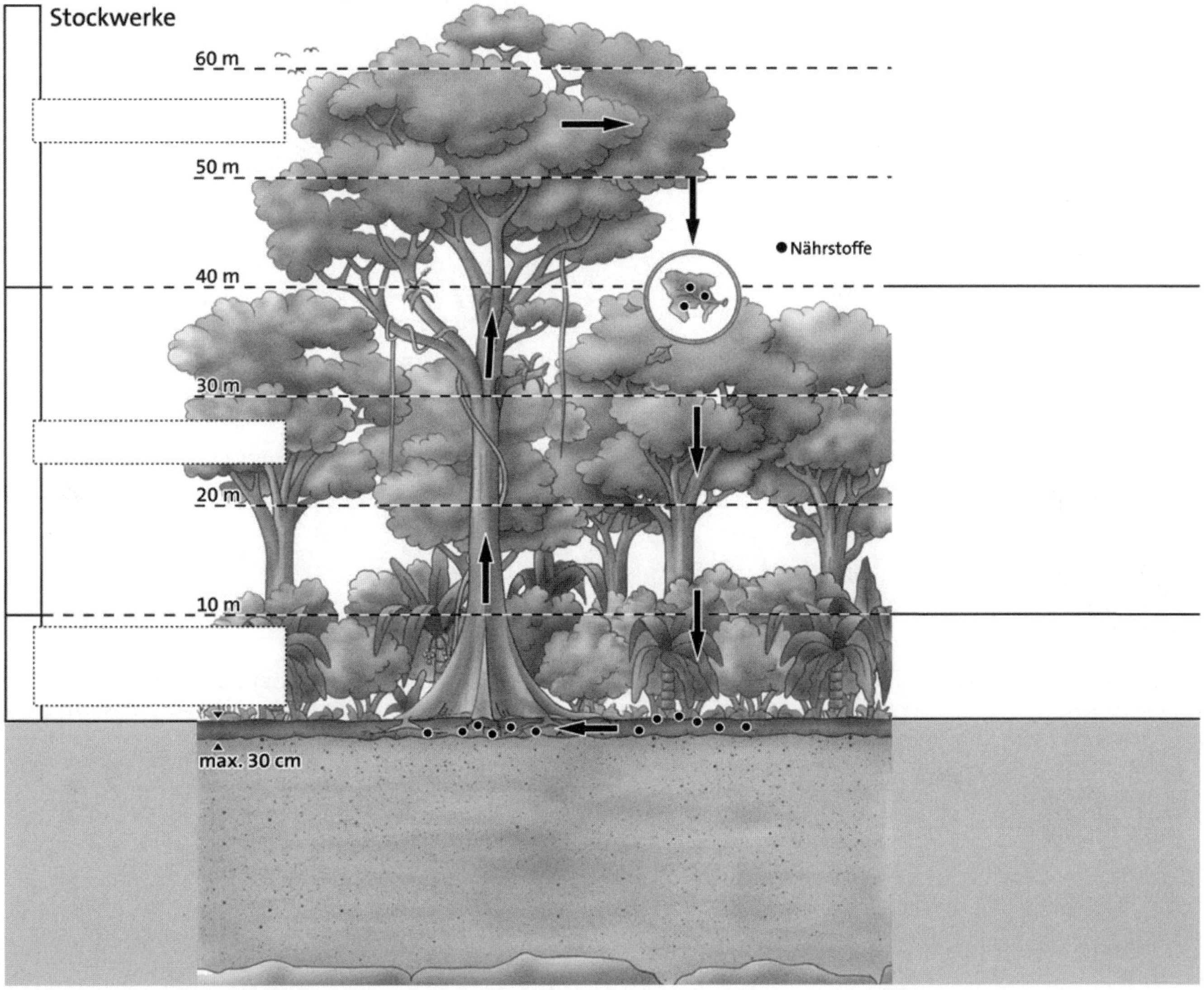

2 Der Nährstoffkreislauf

a) Beschreibe den Nährstoffkreislauf, indem du die folgenden Sätze ergänzt.

1. Die ____________________ Pflanzenteile fallen zu Boden.
2. Im ____________ und ____________ Klima werden sie sehr schnell von ________________________ und Pilzen zersetzt.
3. Die freigesetzten ________________ reichern sich in der dünnen obersten Schicht des Bodens an.
4. Von den flachen ________________ der Bäume werden sie sofort wieder aufgenommen.
5. So entsteht ein ständiger __________________________.

ISBN: 978-3-12-104390-3

In den Polargebieten

1 Kartenarbeit

a) Bezeichne in der Karte:
Alaska, Grönland, Kanada und den **nördlichen Polarkreis.**

b) Färbe den Lebensraum der Inuit in der Karte ein.

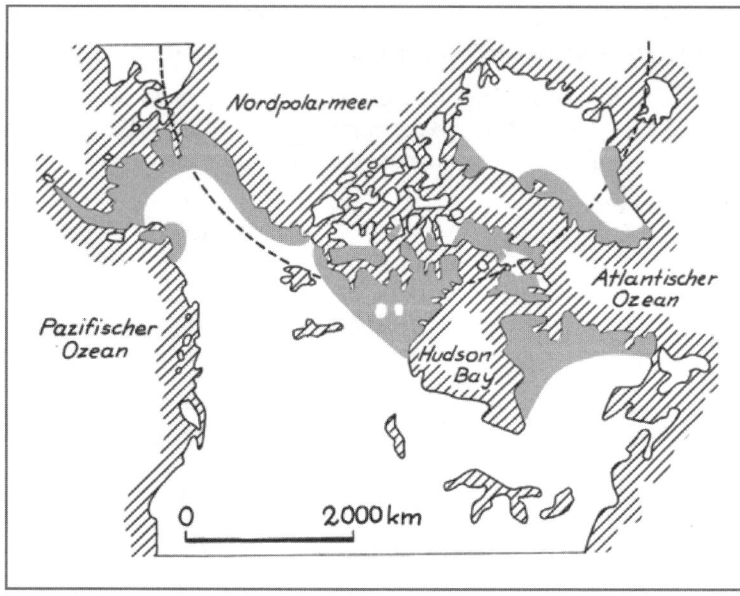

2 Stelle die Lebensweise der Inuit früher und heute gegenüber. Aussagen dazu findest du in deinem Schülerbuch.

	früher	**heute**
Ernährung		
Wohnung		
Arbeit		
Geräte und Ausrüstung		

ISBN: 978-3-12-104390-3

Europa: Topografischer Überblick

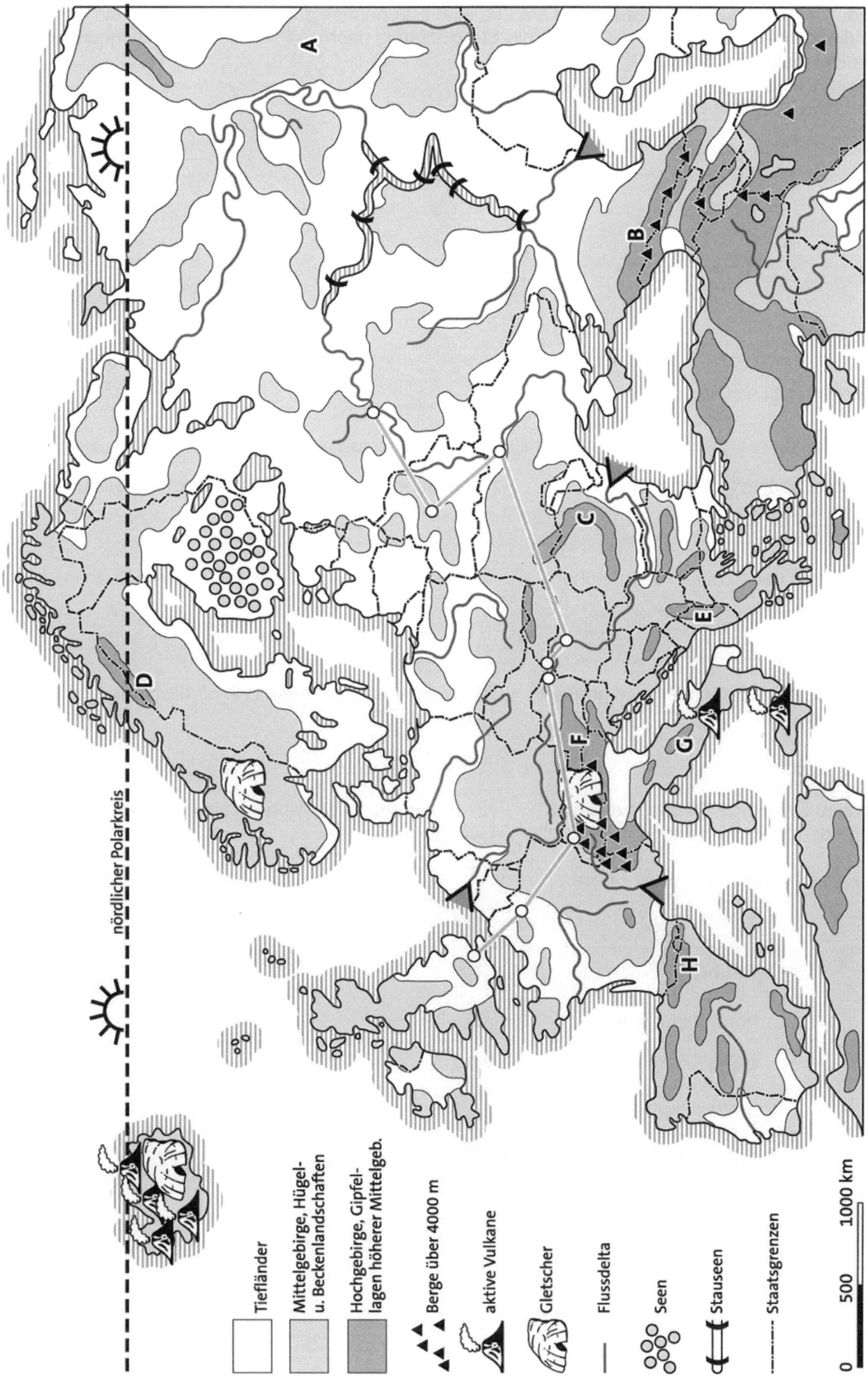

ISBN: 978-3-12-104390-3

Europa: Topografischer Überblick

1 Pete aus London will in den Sommerferien mit dem Zug eine Europareise durchführen. Ziel soll ein Besuch bei seinem Freund Aljoscha in Moskau sein. Zeichne die Strecke farbig nach und schreibe alle durchquerten Länder und deren Hauptstädte auf.

Land	Hauptstadt
	London

Land	Hauptstadt
	Moskau

2 In welchen Ländern gibt es Gletscher?

____

3 Nenne die Länder mit aktiven Vulkanen.

____

4 Welche Flüsse münden in einem Delta ins Meer?

____

5 Gib die Länder an, in denen über 4 000m hohe Berge liegen.

____

6 Wie heißt das Land mit den meisten Seen in Europa?

____

7 Welcher Fluss in Europa ist zu mehreren großen Stauseen aufgestaut worden?

____

8 Welche Länder liegen z.T. nördlich des Polarkreises?

____

9 In den Silben sind 5 Rekorde Europas versteckt. Finde sie und trage den Rekord an der richtigen Stelle ein.
al – do – ga – ga – kap – kau – la – mos – nord – pen – see – wol

Name	Rekord
	nördlichster Punkt
	längster Fluss
	größte Stadt
	größtes Gebirge

10 Hinter den Buchstaben A bis H verstecken sich Gebirge.

A	
B	
C	
D	
E	
F	
G	
H	

ISBN: 978-3-12-104390-3

Entstehung der Kohle

1 Die Entstehung der Kohle ist in den Abbildungen A bis E dargestellt. Ergänze den Text. Für die Lücken im Text stehen folgende Wörter zur Auswahl:
Torfschicht, Waldsumpfmoor-. Steinkohle, Braunkohle, Luftabschluss, Ablagerungen, Deckschicht, Sumpfwälder, feuchtwarmem, Erdbewegungen, Verwitterung (2x), Druck, Temperaturen.

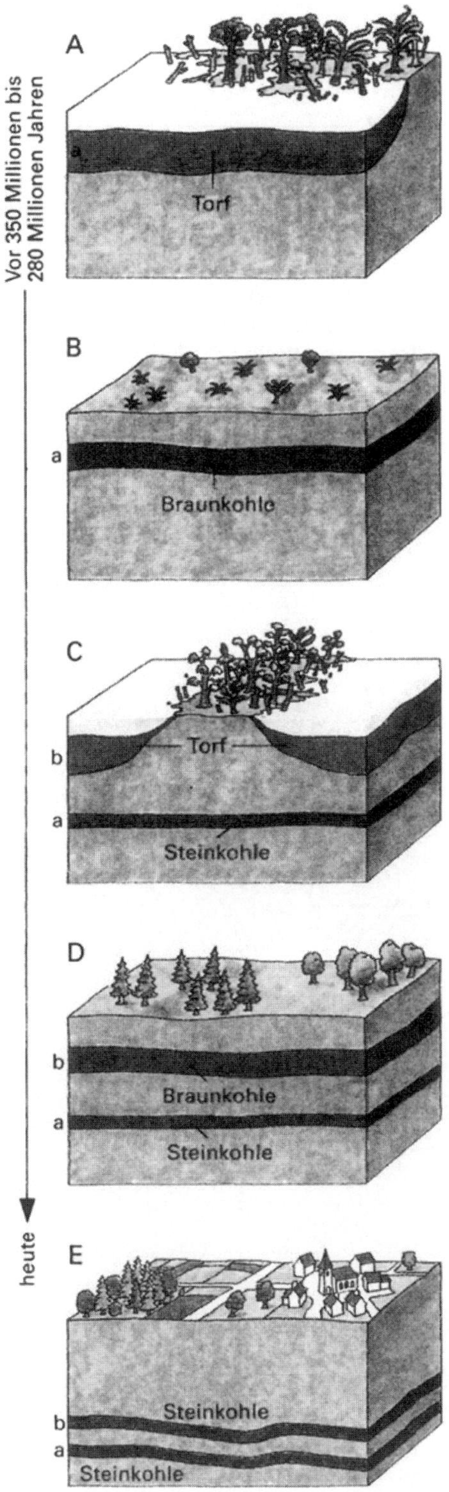

A Vor vielen Millionen Jahren gab es bei ______________ Klima eine ______________ Landschaft. Absterbende Pflanzen versanken im Wasser und Schlamm. Unter ______________ bildete sich eine mächtige ______________.

B Mit der Zeit kam es zu einer starken ______________ des Landes, und Meerwasser überflutete alles. Es kam zu ______________ von Sand , Ton und Kies. Diese ______________ wurde immer mächtiger und presste die Torfschicht. Der Torf wurde langsam zu ______________ umgewandelt.

C Senkte sich das Land weniger stark, bildeten sich auf den Gesteinsablagerungen neue ______________. Es entstand eine Torfschicht, die wiederum überlagert wurde. Dies wiederholte sich im Ruhrgebiet über 200 mal.

D Die entstandenen Schichten sanken allmählich in immer größere Tiefen. Unter ______________ und höheren ______________ verwandelte sich die Braunkohle schließlich in ______________.

E Die flach lagernden Schichten wurden durch ______________ verschoben, schiefgestellt oder gefaltet. Für wiederum Jahrmillionen unterlag das Gebirge nun der ______________, so dass die Oberfläche eingeebnet wurde.

ISBN: 978-3-12-104390-3

Holzwirtschaft im Nadelwald

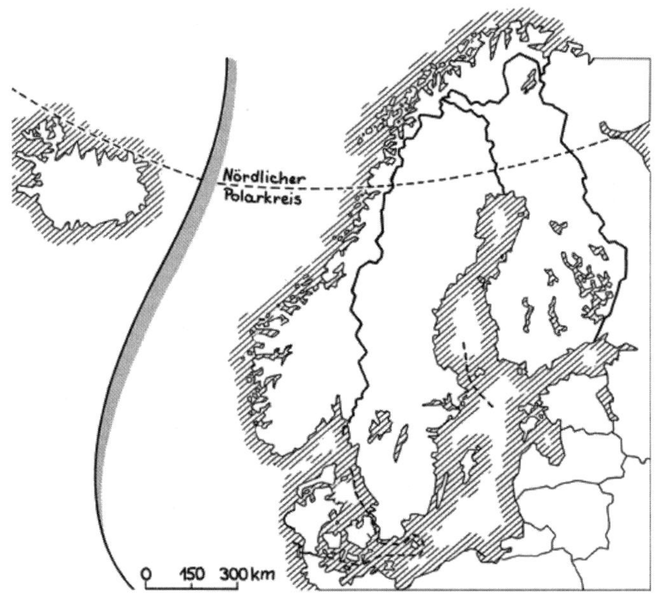

1 Holz verarbeitende Industrie

a) Zeichne die Standorte der Holz verarbeitenden Industrie in der Karte rot ein.

b) Weshalb liegen die Standorte fast alle an der Küste?

2 Holzverarbeitende Industrie

Beschrifte das Schema und verbinde die einzelnen Produktionsschritte durch Pfeile.

Begriffe: **Direktverkauf, Holzindustrie, Möbelindustrie, Papierindustrie, Produktion, Transport, Verarbeitung, Weiterverarbeitung, Zellstoffindustrie, Zulieferung.**

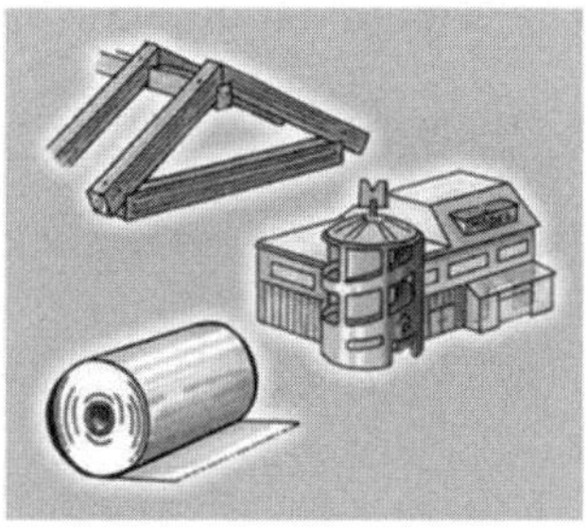

3 Ergänze den Text „Nachhaltige Forstwirtschaft". Für eine nachhaltige Forstwirtschaft gelten folgende Regeln:

1. Pro Jahr darf nicht mehr Holz geschlagen (geerntet) werden als ______________________.
2. Die Rodung von großen Flächen (= Kahlschlag) ist ______________________.
3. Bei den Waldarbeiten müssen ______________________ möglichst geschont werden.
4. Beim Schlagen der Bäume ist darauf zu achten, dass einige der alten Bäume als ______________________ stehen bleiben.

ISBN: 978-3-12-104390-3

Europäische Wirtschaftsräume

1 Die Zahlen eins bis sieben bezeichnen die sieben größten Verdichtungsräume in Europa. Ordne die Ziffern den Gebieten zu und fülle die Tabelle unten aus.

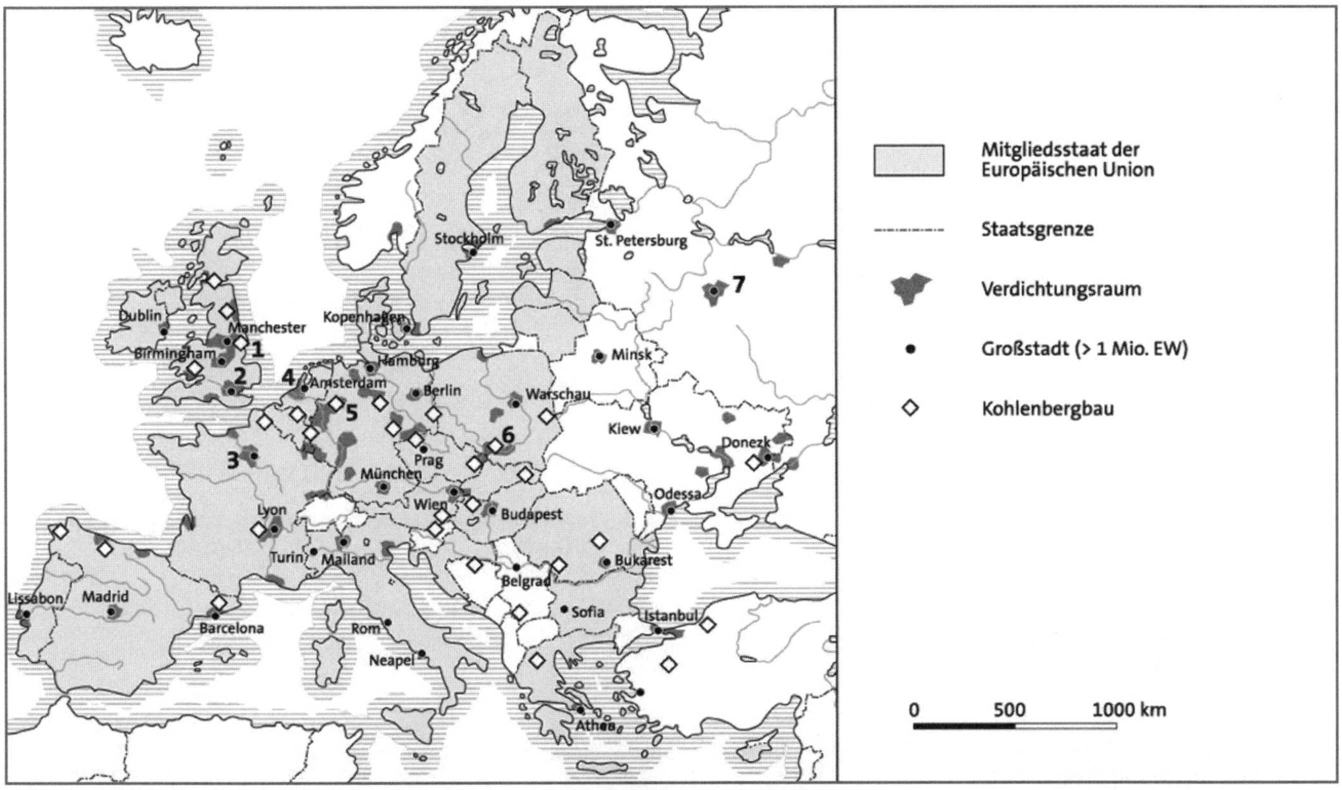

Ziffer	Verdichtungsraum	Staat	EU (ja/nein)	Kohlenberg-bau (ja/nein)	Stadt oder Region	Entfernung von Berlin
	London					
	Mittelengland					
	Moskau					
	Oberschlesien					
	Paris					
	Randstad					
	Rhein-Ruhr					

2 Prüfe die folgenden Aussagen und korrigiere sie, wenn nicht stimmen.

a) In Südeuropa gibt es keinen großen Verdichtungsraum.	
b) Jeder große Verdichtungsraum hat Kohlenbergbau.	
c) In Nordeuropa gibt es mehrere große Verdichtungsräume	
d) Pro Staat gibt es höchstens einen großen Verdichtungsraum.	

ISBN: 978-3-12-104390-3

Lust auf Sommer

1 Länder am Mittelmeer

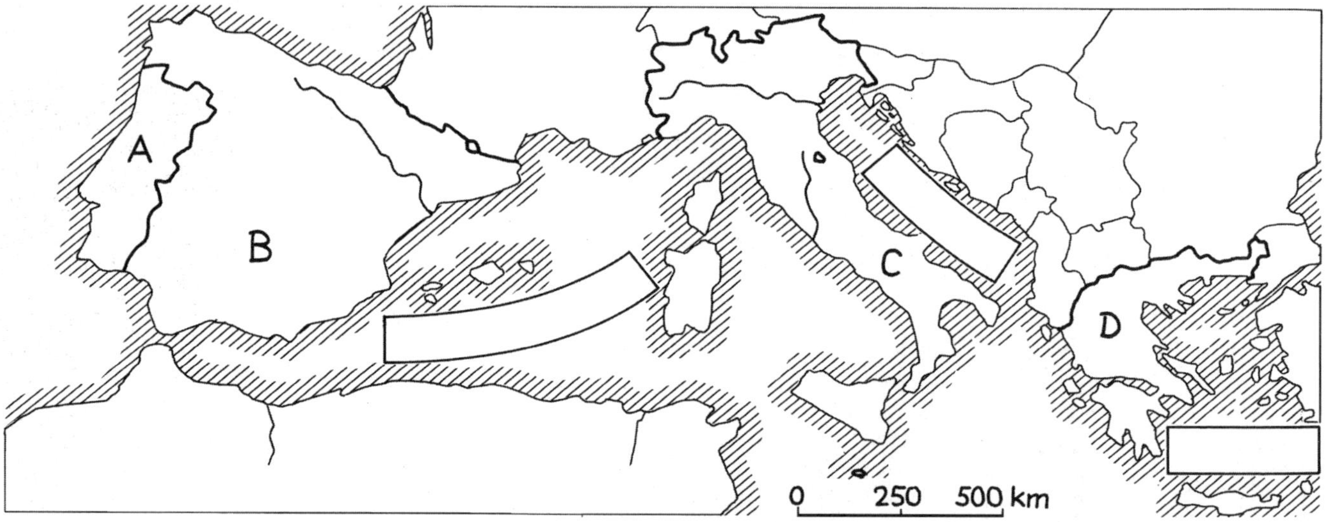

a) Male das Mittelmeer blau und die angrenzenden Staaten gelb aus.

b) Die Buchstaben A und D bezeichnen die großen Staaten Südeuropas.

c) Trage den Staatsnamen und die jeweilige Hauptstadt in die Tabelle ein. Beschrifte in der Karte die Kästchen.

	Staaten	Hauptstädte
A		
B		
C		
D		

2 Urlaub am Mittelmeer

a) Jahr für Jahr lockt das Mittelmeer Millionen von Touristen an. Nenne die Gründe. Unterscheide nach Naturfaktoren und Kulturfaktoren.

Naturfaktoren: ____________________

____

Kulturfaktoren: ____________________

____

b) Wo die Reise-, Unterkunfts- und Verpflegungskosten niedrig sind, kommen die Touristen in Massen. Man verdient zwar an einem Gast wenig, aber die Masse der Gäste bringts. Vervollständige die Abbildung mithilfe folgender Wörter: **Charterflug, begrenzte Dienstleistungen, preiswerte Unterkünfte, geringe Personalkosten, kein Zimmerservice, Großhotels („Betonburgen“).**

Massentourismus

ISBN: 978-3-12-104390-3